Isabella Degen

WŁOSKIE INCONTRO

ITALIENISCHE BEGEGNUNGEN

"Die Welt ist so groß und so reich und das Leben so mannigfaltig,
daß es an Anlässen zu Gedichten nie fehlen wird".

"Świat jest tak wielki i bogaty, a życie tak pełne różorodności,
że nigdy nie braknie okazji do wierszy."

Johann Wolfgang von Goethe (1749 - 1832)

Danke an Hubert, Ursula, Barbara und Peter die mir geholfen haben,
meine Gedichte zu gestalten.
Isabella Degen

NOC ŚRÓDZIEMNOMORSKA

pod srebrzystym księżycem
wino pobudza zmysły
orkiestra cykad rozpoczyna muzykowanie
przyroda staje się rajem
dumne cyprysy wsłuchują się w kwiatów namowy
gwiazdy zaczynają migotać zalotnie
w oknach białych domków
schowanych pod rozłożystymi piniami
przechadzają się nagie cienie
róże kolą pocałunkami
w oddali morze uderza o skały
wyśpiewuje pieśń Posejdona

tylko do wschodu słońca

Sycylia, 15.02.1998

MEDITERRANE NACHT

unter dem silbernen Dach des Mondes
erregt der Wein den Geist
ein Zikaden-Orchester musiziert
die Natur wird zum Paradies
stolze Zypressen lauschen den Blumengeräuschen
die Sterne flimmern am Himmel

in den Fenstern weißer Häuser
versteckt unter grünen Pinien
lustwandeln nackte Schatten
Rosen stechen durch Küsse
in der Ferne brandet das Meer an die Felsen
und singt das Lied von Poseidon

bis zum Sonnenaufgang

Sizilien, den 15.09.1999

ŚWIĄTYNIA W SEGEŚCIE

wzgórza pełne agaw i opuncji
wydeptane ścieżki prowadzą
na skaliste zbocza Monte Varvaro
tu w rozpalonym słońcu stoi dorycka świątynia
masywna a zwiewna zarazem
cudownie lekka jak gdyby za moment
miała unieść się wysoko w górę
rozpływa się w nagrzanym powietrzu
tajemnicza budowla niby wczoraj wzniesiona
nienaruszona czasem pełna dostojeństwa

kładę dłonie na kolumnach
w kamieniach bije utajone tętno
czuję miniony czas
zapach kwiatów i traw
...
śnię
czy to fatamorgana

Sycylia, 16.02.1998

DER TEMPEL IN SEGEST

die Hügel voller Agaven und Opuntien
ausgetretene Pfade führen zu den felsigen Hängen
des Monte Varvaro
hier in glühenden Sonne steht der dorische Tempel
massiv und luftig zugleich
wunderbar leicht in die Luft steigend

ein geheimnisvolles Bauwerk
als wäre es gestern erbaut
durch die Zeiteinwirkung unversehrt
voll tiefer Würde

die Säulen behühend schmeige ich mich an
in den Steinen ein verborgener Pulsschlag
man spürt die vergangene Zeit
den Duft von Blumen und Gräsern
...
ist das eine Fata Morgana?

Sizilien, den 16.02.1998

TAORMINA

migdałowce oblepione bielą i różem
brzęczenie pszczół
dzień przegląda się w słońcu
powiew wiatru
zapach południa
Taormina w kulisach Etny
chmury przepływają jak baranki
myślisz że jesteś w kinie
twoja ręka krąży w moich włosach
kruchością drży dotyk
nagość rozchylającego się kwiatu
gęstniejący zapach twojej skóry
niespokojne palce grają pieśń Amora
muśnięciem ust zamykasz moje usta
zgłoski przeciągasz w szept

życie jest piękne

Sycylia, 15.02.1998

TAORMINA

Mandelbäume erstrahlen in Weiß
Bienengesumme umher
ein sonnendurchtränkter Tag
ein Windhauch
der Duft des Südens
Taormina im Vordergrund des Ätna
Wolken streichen am Himmel vorbei

ich stelle mir vor
wie deine Hand sich in meinen Haaren verliert
sanft zitternd
vor Leidenschaft die aufblüt
wie eine sich öffnende Blume
deine wohlduftende Haut
und das unruhige Fingerspiel der Liebe
mit feiner Lippenberührung
schließt du meinen Mund

Silben vergehen ins Flüstern

das Leben ist schön

Sizilien, den 15.02.1998

TRAMONTANA

ponad horyzontem
wędruje po niebie ognista kula
promienie tańczą na falach
topią się w morzu
staram się je schwytać
słońce zanurza i rozpływa

kilka złocistych blasków
przypłynęło falami do brzegu
czuję ich ciepło

nagle wiatr chwycił mnie za włosy
wymierzył policzek i uderzył piaskiem
morze zmarszczyło się w jednej chwili
pociemniało śródziemnomorskim fioletem
i ucichło

nadchodzi noc

TRAMONTANA

über den Horizont
wandert majestätisch eine Feuerkugel
deren Licht sich im Meer spiegelt
und fröhlich tanzt
einige goldene Sonnenstrahlen
erreichen das Ufer
ich will sie fangen
spüre ihre Nähe

unvermittelt greift der Wind in meine Haare
ohrfeigt mich und bewirft mich mit Sand
das Meer schlägt augenblicklich Falten
es verdunkelt sich im Violett

die Nacht kommt

PALERMO

rozsypane perełki palermiańskie
na Starym Mieście
w gnieździe mafii
między górami a morzem

Palermo
wypłowiałe mury
pałaców na Quattro Canti
kościołów z Madonnami
miasto splata radość i smutek
skleja różne kultury

tu co obce jest nasze
jak swoje śpiewem jednoczysz
a dialekt twój jest muzyką
Arab Norman Hiszpan Grek
każdy miejsce tu znajdzie

Palermo
miasto dla wszystkich od wieków

Sycylia, 15.09.1999

PALERMO

Verstreute palermische Perlen
in der Altstadt
im Nest der Mafia
zwischen Bergen und dem Meer

Palermo

verblichenes Gemäuer
der Paläste im Quattro Canti
der Kirchen mit ihren Madonnen
die Stadt vereint Freude und Wehmut
verbindet verschiedene Kulturen

hier an diesem Ort ist alles Fremde
alles ist unser und vereinnahmt uns
dein Dialekt ist wie Musik

Araber Normannen Spanier und Griechen
jeder findet hier seinen Platz zum Leben

Palermo

seit Ewigkeiten
die Stadt für Alle

Sizilien, den 15.09.1999

WENECJA W KARNAWALE

miasto mostów bazylik pałaców
sznurami bielizny znaczy swe terytorium
duchem bizantyjskim i ciągłym zapachem stęchlizny
z Tycjanem Veronesem i Canalettem
jak powiedział Goethe miasto bobrów ludzkich
salon Europy z sufitem gwiazd
gondole tańczą swe menuety po wodnych uliczkach
unoszą głowy wysoko
zerkają na srebrne odbicie księżyca
weneccy przebierańcy kołyszą zwartym tłumem
na San Marco i nabrzeżu promenady Schiavoni
karnawał karnawałów trwa od wieków
każdy w swojej masce

commedia dell'arte Carla Goldoni

Wenecja, 12.02.1997

KARNEVAL IN VENEDIG

die Stadt der Brücken Kirchen und Paläste
zeichnet ihr Gebiet mit Wäscheleinen

byzantinischem Geist und permanentem Modergeruch
mit Tizian Veronese und Canaletto

wie Goethe sagte: eine Stadt der menschlichen Biber
der Salon Europas mit einer Decke voller Sterne
die Gondeln treiben ihre Menuette
ihre Köpfe in den Wasserkanälen hochtragend

und den silbernen Mondspiegel betrachtend
venezianische Maskenträger schweben scharenweise
zu San Marco und der Uferpromenade Schiavoni
der Karneval der Karnevale hält schon seit
Jahrhunderten an

jeder in eigener Maske
commedia dell'arte Carlo Goldoni

Venedig, 12.02.1997

KLOSZARD

„Wenecjo moja Wenecjo"
tak wołał co rano
siedział na kamiennej ławce przy Pałacu Dożów
każdego dnia pozdrawiał gołębie
i płynące gondole
w mieście swoich przodków
krył się przed skwarem słońca w podcieniach murów
nasłuchując opowiadań kamiennych ścian
poduszką było mu kilka gazet i plecak bezcenny
niedużo potrzebował do szczęścia
suchą bułkę i skibkę snu
tłum przed nim snuł się
jak kolorowy film z Hollywood
czasem ktoś zapytał skąd przybył i dlaczego tu jest
on odpowiadał zawsze tak samo

„Wenecjo moja Wenecjo kocham cię"

od wielu już lat kamienna ławka stoi pusta
krajobraz miasta
pożegnał bezimiennego Dożę

Wenecja, 30.05.1996

CLOCHARD

„Venedig mein Venedig" rief er jeden Morgen
sitzend auf der steinernen Bank vor dem Dogen Palast
jeden Tag grüßte er die Tauben
und vorbeifahrende Gondeln
in der Stadt seiner Vorfahren
versteckte er sich vor der heißen Sonne
unter den Arkaden

und hörte zu den Erzählungen der Steinwände
sein Kopfkissen waren Altzeitungen
und der unschätzbare Rucksack
er brauchte nicht viel zum Glück
ein trockenes Brötchen und ein Scheibchen Schlaf

das Menschengedränge wälzte sich vor ihm
wie ein bunter Film aus Hollywood
manchmal fragte einer nach dem woher und warum
seine Antwort war stets die gleiche:
„Venedig mein Venedieg
ich liebe dich"

seit vielen Jahren steht die Bank leer
die Landschaft der Stadt nahm Abschied

vom namenlosen „Dogen"

Venedig, 30.05.1996

BACAROLE

ta melodia
jest słodka jak noc
jak nasze wspomnienia

ta melodia to nasz spacer
do świata uczuć
tajemnych pragnień

te dźwięki muzyki
zapraszają do tańca
i złudnych obietnic

zakochanego gondoliera

Wenecja, 12.04.1998

BARCAROLE

die Melodie
ist süß wie die Nacht
wie unsere Erinnerungen

diese Melodie ist unser Spaziergang
in die Welt der Gefühle
und geheimnisvoller Verlangen

diese Musikklänge
laden zum Tanz ein
und zu trügerischen Versprechen

eines verliebten   Gondolieres

Venedig, den 12.04. 1998

RONDO VENEZIANO

zachwyćmy się różowym zmierzchem
nad San Giorgio Maggiore
wypijmy wino

dojrzewa noc i grzechy w winnicach
sen nie rozgrzeszy
weneckich świtów

w głębokim ukłonie
niedokończonego menuetu
żegna nas Serenissima

Wenecja, 13.04.1998

RONDO VENEZIANO

lasst uns entzückt sein
von der rosafarbenen Abenddämmerung
am San Giorgio Maggiore
lasst uns trinken einen guten Wein

die Nacht wird reif
für die Sünden in den Weingärten
der venezianischen Morgen
wird die Sünden der Nacht nicht vergeben

in tiefer Verneigung
eines getanzten Menuetts
nimmt von uns Abschied die Serenissima

Venedig, den 13.04. 1998

NOC W WENECJI

opustoszała Piazza San Marco
z kawiarni Florian
wychodzą ostatni bywalcy
buty ich gubią resztki dnia
Wenecja układa się do snu
nuci dźwięki Laguny
gondolierzy odłożyli już wiosła
rozcierają spracowane dłonie
nadsłuchując jutra
 zasypiają

a gdzieś w ciemnych uliczkach
przemyka duch Casanovy
by nocą wkraść się do snów

pięknych wenecjanek

Wenecja, 12.04.1998

EINE NACHT IN VENEDIG

die Piazza San Marco wird leer
die letzten Gäste verlassen das Cafe Florian
ihre Schuhe verlieren den Rest des Tages
Venedig geht schlafen
zu den Klängen der Lagune
Gondoliere legen ihre Ruder zur Seite
und reiben ihre müden Hände
beim Einschlafen
an den Morgen denkend

irgendwo in den dunklen Gassen
huscht umher der Geist von Casanova
um sich nachts in Träume zu schleichen

der schönen Venezianerinnen

Venedig, den 12.04. 1998

ACQUA   ALTA

miasto ani to ląd ani to woda
hybryda kąpiąca się w Adriatyku
zanurzone pałace stoją od wieków
a czas mierzony jest oddechem przypływu

powódź jest jak chleb codzienny
przy dźwięku syren
opuszczane są stalowe zapory
wenecjanie wciągają długie kalosze
na *passarellach* płynie dalej życie

od wieków grozi miastu śmierć
w mule i pod wodą
lecz mimo to bytują szczury
odwieczni towarzysze człowieka

dopóki żyją szczury
będzie żyć Wenecja

Wenecja, 05.05.1997

ACQUA ALTA

die Stadt
weder Land noch Wasser
eine badende Hybride im adriatischen Meer
die versenkten Paläste stehen seit Jahrhunderten
und die Zeit wird gemessen an Ebbe und Flut

das Hochwasser ist wie alltägliches Brot
bei Sirenengeheul rasseln die Stahlsperren nieder
die Venezianer ziehen Gummistiefel an
und auf aufgeschlagenen *Passarellas*
geht das Leben weiter

seit Jahrhunderten droht der Stadt der Tod
durch Schlamm und Wasser
und trotzdem leben hier Ratten
die ewigen Begleiter des Menschen

solange die Ratten leben
wird auch Venedig am Leben bleiben

Venedig, den. 5.05.1997

WŁOSKIE BUTY

Plac św. Marka
co za szczęście
tu postawić zmęczoną stopę
rzucić wilgotne spojrzenie
na Most Westchnień
a pod bramą *dell'Orologio*
posłuchać bicia serca Wenecji
i oddać hołd włoskim butom

Wenecja, 29.04.1997

ITALIENISCHE SCHUHE

Platz von San Marco
welch ein Glück
hier seine müden Füße zu spüren
und mit feuchten Augen
einen Blick auf die Seufzer Brücke zu werfen
den Herzschlag Venedigs zu hören
am *dell Orologio* Tor

um den italienischen Schuhen zu huldigen

Venedig, den. 29.04.1997

WENECJA W GRUDNIU

kiedy dni stają się krótkie
a morze jeszcze oddycha
barwami późnej jesieni
odpoczywają wyspy Laguny

poranki zasłane mgłą
białe welony snują się na San Marco
by w południe odpłynąć z wiatrem
na czarnych gondolach

czasem śnieg tu poprószy
jak mąką posypie po placu
przypomni Wenecji o zimie
w grudniu zasypia miasto

Wenecja, 30.12.1998

VENEDIG IM DEZEMBER

die Tage werden kürzer
und das Meer atmet noch
die Farben des Spätherbstes
ruhen auf den Inseln der Lagune

die Morgenzeit im Nebel
weisse Schleier ziehen über San Marco
um mittags mit dem Wind zu verschwinden
auf schwarzen Gondeln

manchmal fallen ein paar Schneeflocken
wie Mehltau über den Platz
sie rufen der Stadt in Erinnerung
dass Venedig in den Winterschlaf fällt

Venedig, den. 30.12.1998

SUONI di VENEZIA

Wenecja cichnie wieczorem
wtedy prawdziwie ją słychać

trzaski drewnianych okiennic
stukot obcasów na kamiennych mostach
szepty fal odbijających się od brzegu
staccato majowego deszczu
i dostojny dźwięk dzwonów

w ciszy usłyszysz wszystko

Wenecja, 04.05.1997

SUONI DI VENEZIA

Venedig kommt abends zur Ruhe
dann hört man die Stadt so richtig gut
das Klappern der Fensterläden
das Gepolter der Absätze auf steinernen Brücken
das Geflüster der Wellen am Ufer
das *Staccato* des Regens
und den vornehmen Klang der Glocken

bei nächtlicher Stille hörst du Alles

Venedig, 04.05.1997

SJESTA

w małej kafejce pod parasolem
słońce oplotło mnie tysiącem ramion
leniwe muchy przechadzają się po stole
jakby na cukru okruch czekały

wyczesany barman
z obojętną wobec słońca twarzą
bez emocji rutynowo podaje napoje
filiżanki wonnej kawy

jest południe żar zenitu
ocieram krople potu
sjesta w upał obrosła
nawet w kącie drzemią koty

omdlewa dzień
w rozpalonym słońcu
pachnie lawendą
i zmęczonymi ziołami

długo czekałam
na to gorące lato

Ischia 1998

SIESTA

auf der Terrasse in einem kleinen Café
umhüllt mich Sonne wie mit tausend Händen
träge Fliegen kriechen auf dem Tisch umher
nach einem Krümel Zucker heischend

ein herausgeputzter Barmann
mit einem teilnahmslosen Gesichtsausdruck
serviert routiniert und emotionslos Getränke
und Tassen duftenden Kaffees

es ist Mittagszeit
ich wische mir den Schweiß vom Gesicht
die Siesta wird zur Glut
sogar die Katzen träumen im schattigen Winkel

der Tag bewirkt Ohnmacht
in der heißen Sonne
es riecht nach Lavendel
und nach müden Kräutern
....
seit langer Zeit sehnte ich mich schon
nach so einer heißen Sommerzeit

Ischia 1998

SMAK MORZA

najczęściej wędruję brzegiem morza
stopami szukam wolnego kawałka ciszy

morze ma kolor szmaragdu
wyrzuca na brzeg perłowe muszle
z takiej narodziła się Venus

z dłoni wypełnionych muszlami
spadają ziarenka piasku
zamieniają się we wstęgę czasu

sól osiada na wargach na skórze
w nierównym wietrze czuły dotyk fal
wypłoszone mewy zakłócają ciszę

stare łodzie wyciągnięte na piach
poskręcane liny węzły chorągiewki
wszystko ma morza smak

przepełniona tym słonym smakiem
skreślam na dowód parę wersów
są miejsca w których jestem zawsze

klepsydra cicho przesypuje piasek
wsłuchuję się we wstęgę czasu
pasuje do moich marzeń

DER GESCHMACK DES MEERES

am liebsten wandere ich am Meeresufer
mit den Füßen suchend
nach einen feinen Hauch von Stille

das Meer schimmert smaragdfarben
und treibt ans Ufer Perlenmuscheln
aus der eines
eines Tages Venus geboren würde
aus Händen voller Muscheln
fallen Sandkörner zu Boden
und verwandeln sich in Zeitstreifen

Salz setzt sich fest auf Haut und Lippen
ungleichmässiger Wind treibt einfühlsam die Wellen
verscheucht die ruhestörenden Möwen

altgediente Boote am Uferstrand
zu Knoten verhedderte Taue und Fähnchen
alles schmeckt nach Meer

durchtränkt von diesem salzigen Geschmack
skizziere ich einige Verse
so ergeben sich Stellen
an denen ich immer gerne bin

leise rinnt der Sand in der Sanduhr
ich höre hinein in die Zeitstreifen
es sind nur meine Träume

WDOWY

czarne wdowy
pamięci mężów
noszą na szyi medaliony
kościstymi palcami
od rana przebierają różańce

w południe gotują jeden talerz zupy

po sjeście podążają na cmentarz
by odkurzyć plastikowe róże
wymienić baterie w lampkach
i wdowie plotki

wszystko zgodne z boskim porządkiem
śródziemnomorskich kobiet

Ischia 1996

WITWEN

schwarze Witwen
mit Erinnerungen an Ehemänner
sie tragen Medaillons um den Hals
durch knochige Finger
lassen sie betend die Rosenkränze gleiten

mittags kochen sie einen Teller Suppe

nach der Siesta eilen sie zum Friedhof
um Plastikrosen zu entstauben
Batterien in den ewigen Kerzen zu wechseln
und Witwengemäß ist Gerede Gewäsch und Gemunkel

alles nach der göttlichen Ordnung
mediterraner Frauen

Ischia 1996

INCONTRO IN ROMA

spotkajmy się przy Trevi
w marmurowej kolumnadzie
by deptać po śladach milionów ludzi
w poszukiwaniach naszego *dolce vita*

oślepieni fontanny pięknem
zza pleców rzucamy kilka monet
by tu powrócić lub pozostać

pod gwiazdami w milczeniu
pełni słodkich marzeń

Rzym, 1993

BEGEGNUNGEN IN ROM

lass uns am Trevi-Brunnen treffen
im marmornen Säulengang
um über die Spuren unzähliger Menschen
unser *dolce vita* zu finden

geblendet durch die Schönheit der Fontäne
werfen wir verstohlen einige Münzen
um hierher zurückzukehren
oder hier für immer bleiben zu wollen
unter den Sternen verschwiegen
voller süßer Träume

Rom, 1993

TU W NEAPOLU

tu słońce z wiatrem jest zawsze w zgodzie
tu sztorm jest codziennością
Neapol tańczy Neapol śpiewa

tu kobiety namiętnie kochają
dziś i jutro niepewne jest
życie tętni pulsuje i zgrzyta
bo tu żyje się z dnia na dzień

leniwym porankiem w labiryncie ulic
mężczyźni grają w karty i sączą *un cafe*
każdy tu śpiewa *o sole mio*
ten hymn radości i bólu

tu życie warkoczem się plecie
rozpala słońcem balkony
bielizna sucha jak pieprz
jest świadkiem dnia i nocy

Wezuwiusz dzierży los miasta
daje ludziom życie i szczęście
cierpienie i śmierć
a namiętność mieści się
w jednym słowie
passione

NAPOLI

hier ist die Sonne mit dem Wind immer eins
hier ist Sturm Alltäglichkeit
Neapel tanzt
Neapel singt

hier lieben die Frauen mit Leidenschaft
das Heute und Morgen ist ungewiss
das Leben tönt pulsiert und atmet
weil du hier lebst
von heute auf morgen

morgens im Labyrinth der Straßen
spielen die Männer Karten und schlürfen Kaffee
jeder hier singt *o sole mio*
diese Hymne der Freude und des Schmerzes

hier windet sich das Leben wie ein Zopf
und die Sonne erhitzt die Balkone
die trockene Wäsche
ist Zeuge von Tag und Nacht

der Vesuv bestimmt das Schicksal der Stadt
er verleiht den Menschen Leben und Glück
bringt Schmerz und Tod
und das Alles umfasst ein Wort
passione

ISCHIA

miniaturo ziemskiego raju
jesteś moją przystanią
gdy wyłaniasz się z morza
zielenią szpiczastych pagórków
twoje słoneczne brzegi kuszą
w sercu mieszka Epomeo
z radości płacze łzami źródlanej wody
dawno uśpiony stary wulkan

Castello Aragonese
termy Casamiccioli
ogrody Posejdona
wszystko jak niekończący się sen
magiczna wyspa zaprasza

na małe *dolce farniente*

Ischia 1996

ISCHIA

eine Miniatur irdischen Paradieses
du bist mein Zufluchtsort
wenn du aus den Meerestiefen auftauchst
mit dem Grün deiner spitzen Hügel
deine sonnigen Ufer reizen und sind verführerisch
im Herzen verweilt Epomeo
und vor lauter Freude weint
ein lange schlafender alter Vulkan
Tränen aus Quellwassers

Castello Aragonese
die Thermen Casamiccioli
die Gärten des Poseidons
alles wie ein unendlicher Traum
die magische Insel läd ein
zu einem kleinen *dolce farniente*

Ischia 1996

RAVELLO

Ravello zawisło na skałach
raju amalfitańskiej krainy
z przykutymi do skał palmami
bliższe niebu niż morzu
a w dole droga co do jego serca
wije się arteriami

willa Rufolo zaprasza
do atrium z krużgankami
gdzie zaczarowane ogrody
dumnych oleandrów
biją pokłony różom
ścielącym się u stóp

za każdym rogiem pachnie cytrynami
można odpocząć na majolikowej ławce
i zapatrzyć się w bezkresne morze

Costiera amalfitana, 1996

RAVELLO

Ravello hängt an den Felsen
des Paradieses von Amalfi
mit den am Fels gefesselten Palmen
dem Himmel näher als dem Meer
und unten ein Weg
der in sein Herz führt

die Villa Rufolo lädt ein
zum Atrium mit Säulengang
wo stolzer Oleander sich verneigt
vor den Füßen sich ausbreitender Rosen

hinter jedem Eck duftet es nach Zitronen
man findet Ruhe auf einer Bank aus Majolika
und blickt wie gefesselt auf das endlose Meer

Costiera amalfitana, 1996

WŁOSKIE CAMPANILE

otwieram okno
niedziela rano
wdziera się powietrze
i pierwsze dzwony
z ich oddechem
majestatycznie pulsuje serce
nadsłuchuję
poddaję się wibracjom

rozgadały się wszystkie
zawtórowały echem czasu

jak żyją ludzie
tak dzwonią dzwony

CAMPANILES

ich öffne das Fenster
Sonntag früh
die Luft dringt ein
und die ersten Glocken
mit ihrem Atem
majestätisch schlägt das Herz
ich horche
und ergebe mich diesen Schwingungen

alle reden durcheinander
und stimmen doch in das Echo der Zeit ein

wie die Menschen leben
so läuten die Glocken

TOSKANIA

na wygrzanych murach Etrusków
płożą się kapary
w dali srebrzą się oliwne gaje
a przy drodze święte drzewa cierpią
powykrzywiane w swej ułomności

łąki i pagóki pachną tymiankiem
w złocie południa pławią się kamienne domy
cyprysy wiekowe winnice
i smukłe campanile

stare kościółki z zimnymi piwnicami
z popękaną posadzką z terakoty
skryły tajemnice czasu i wina

...

in vino veritas

TOSKANA

auf dem warmen Gemäuer der Etrusker
breiten sich die Kapernsträuche aus
in der Ferne glitzern Olivenhaine
und am Wege leiden heilige Bäume
verkrüppelt in ihrer Gebrechlichkeit

Wiesen und Hügel riechen nach Thymian
im Gold des Südens baden steinige Häuser
Zypressen und hochbetagte Weinberge
im Hintergrund die schlanken Campaniles

alte Kirchen mit kalten Kellern
und gerissenem Fußboden aus Terrakotta
verhüllen Geheimnisse der Zeit und des Weins

in vino veritas
flüstern sie

FLORENCJA

świt ponad rzeką Arno
poniewiera poranną mgłę
owija mosty pałace kościoły
piękno tonie w szarości

poranek zbudził się
wyciąga dłonie do słońca
osusza z mgły pałace wieże
dzwonnice domy

promienieją pięknem wille Medyceuszy
Katedra Santa Maria del Fiore
mosty dzwonnica Giotta
i ogrody Boboli

ulice ożywają współczesnością
hałasem samochodów
dźwiękami komórek
rozgwarem miasta i ludzi

kołem się toczy
codzienny spektakl serca Toskanii

FLORENZ

Morgendämmerung über dem Arno
vertreibt den frühen Nebel
und umhüllt Brücken Paläste und Kirchen
das Schöne versinkt im Grau

der Morgen erwacht
streckt seine Arme zur Sonne aus
und befreit Glockentürme und Paläste
vom kühlen Nebel

wunderschön erstrahlen die Villen der Medici
die Kathedrale von Santa Maria del Fiore
Brücken und Glockenturm der Giotta
und die Gärten von Boboli

die Straßen leben
durch Autolärm und Handyklänge
sowie durch das Getöse der Stadt
und das Stimmengewirr der Menschen

das Rad der Zeit rollt dahin
im alltäglichen Spektakel im Herzen der Toskana

VIA CAPPELLO

za każdym rogiem
pielgrzymki zakochanych
w poszukiwaniu miłości

w domu przy Via Cappello
ściany pełne wyznań
spisanych przez kochanków
którzy na życie i na śmierć
w Weronie uwiecznili przysięgi

zapisuję nasze imiona
niech przetrwają
pod osłoną błękitu
i nocy pełnych gwiazd
tak jak przetrwała przez pięćset lat
szekspirowska miłość
Romea i Julii

Verona 1996

VIA CAPPELLO

hinter jeder Straßenecke sind
Pilgerscharen Verliebter
auf der Suche nach Liebe

im Hause an der Via Cappello
sind Wände voller Liebeserklärungen
von den Liebhabern aufgeschrieben
ihre Liebesschwüre verewigten in Verona
auf Leben und Tod

ich schreibe unsere Namen auf
sie überleben
unter dem Schutz des Himmelblaus
und unter Nächten voller Sterne
so wie sie fünfhundert Jahre überdauert haben
seit der Liebe
von Romeo und Julia

Verona 1996

PODRÓŻ W CZASIE

włoska promenada słońca
wyścig z czasem
ucieczka od codzienności
od wczoraj od dzisiaj

kilometry odległości
przewijają film krajobrazów
mijam setki samochodów
z południa na północ
z północy na południe
w monotonii podróży
w poszukiwaniu minionego czasu

jestem tu gdzie cię pożegnałam
drogowskazy uczuć
wypełniają nasze miejsca
wydeptanych ulic
wypalonych pocałunków
zasnutych dymem wspomnień

powtóki z miłości już nie będzie
wspólna podróż dobiegła końca

ZEITREISE

italienische Sonnenpromenade
ein Wettlauf mit der Zeit
eine Flucht von Alltäglichem
von gestern bis heute

kilometerlange Entfernungen
spulen einen Film von Landschaften ab
ich fahre an unzähligen Autos vorbei
von Süden nach Norden
von Norden nach Süden
in der Eintönigkeit des Reisens
auf der Suche nach der vergangenen Zeit

ich bin hier
wo ich von dir Abschied nahm
Wegweiser der Gefühle
füllen unsere Plätze
ausgetretene Straßen
ausgebrannte Liebesküsse
verhüllt durch rauchige Erinnerungen

eine Wiederholung der Liebe
wird es nicht mehr geben
die gemeinsame Reise ist zu Ende

WÖRTERBUCH ITALIENISCH–DEUTSCH

bacarole – Barkarole, Gondoliergesang
campanile –   Glockenturm
dell'Orologio – Uhrturm
dolce vita – Nichtstun
dolce farniente – süße farniente
incontro – Begegnung
in vino veritas –   in vino veritas
passione – Leidenschaft
passarella – Laufsteg
suoni di Venezia – Klänge von Venedig
o sole mio – Italienisches Lied
un cafe – espresso

PUBLIKACJE AUTORA

Wygrać Siebie – 1995
Opowiadania nie z tej wyspy – 2008
Geschichten aus meiner Insel – 2012
W rytmie Ziemi – poezja – 2013
Na zakrętach życia – 2014
Myśli na wskroś przeczesane – poezja - 2014
Mit dem Rhythmus der Erde – 2015
Włoskie incontro –   poezja 2016
Myśli na wskroś przeczesane – poezja - 2017
Italienische Begegnungen – 2019

Spis wierszy / Verzeichnis der Gedichte